Tiāo shí de Kǎ Lì

挑食的卡莉

CARLY ONLY EATS CARBS

by Katrina Liu

Illustrated by
Bella Ansori

Zhè shì Kǎ Lì. Kǎ Lì yǒng yú cháng shì gè zhóng tiǎo zhàn. Tā cháng shì

这是卡莉。卡莉勇于尝试各种挑战。她尝试

guò huá xuě, fú qiǎn, shèn zhì pān yán!

过滑雪、浮潜、甚至攀岩！

This is Carly. Carly never backed down from a new adventure. She's tried skiing, snorkeling and even rock climbing!

Tā tè bié xǐ huān hé zuì hǎo de péng yǒu
她特别喜欢和最好的朋友
Ào Lì Wéi Yà yì qǐ tàn xiǎn.
奥利维亚一起探险。

She especially loved adventures with her best friend, Olivia.

Kǎ Lì wéi yī bù xiǎng mào xiǎn de shì shí wù.
卡莉唯一不想冒险的是食物。

Kǎ Lì jiù shì tā fù mǔ kǒu zhōng nà
卡莉就是她父母口中那

"tiāo shí de hái zi."
"挑食的孩子。"

In fact, the only thing Carly wasn't adventurous with was food.

Carly was what her parents called a "very picky eater."

Kǎ Lì zhǐ chī zhè shǎo shù jǐ yàng: Miàn bāo, mǐ fàn, hé huáng yóu
卡莉只吃这少数几样：面包、米饭、和黄油

miàn tiáo. Zhǐ yào shì tàn shuǐ huà hé wù,
面条。只要是碳水化合物，

tā jiù kāi xīn de chī diào!
她就开心地吃掉！

Carly only ate from a short list: bread, rice, buttered noodles... As long as it was a carb, she was happy to gobble it up!

Shǔ tiáo shì tā de
薯条是她的

zuì ài. Yào shì
最爱。要是

ké yǐ, tā néng
可以，她能

tiān tiān chī!
天天吃！

French fries were her absolute favorite. Carly could eat them every day if she'd had her way!

Chī zǎo cān shí, Mā mā wèn tā: "Yào bú yào cháng chang jī dàn?"
吃早餐时，妈妈问她："要不要尝尝鸡蛋？"

Bà ba yě tí yì: Huò shì chī xiē péi gēn?" Kǎ Lì jù jué le.
爸爸也提议："或是吃些培根？" 卡莉拒绝了。

Tā zhǐ jiān chí chī tā de jiān bǐng, ǒu ér yě huì chī huá fū bǐng.
她只坚持吃她的煎饼，偶尔也会吃华夫饼。

"Why don't you try some eggs?" Mom asked at breakfast.
"Or some bacon?" Dad offered.
Carly refused. She'd stick with pancakes and the occasional waffle.

午餐时，她的朋友们经常分享食物，
这样她们就能尝试新的食物。
"吃点葡萄吧！" 奥利维亚说。
"想不想尝尝寿司？"
另外一个朋友问。

卡莉摇摇头。 她只吃了三明治的
面包，然后把剩下的扔进了垃圾桶。

At lunchtime, her friends often shared food so they could try
new things. "Have some grapes!" Olivia said. "Would you like
to try some sushi?" another friend asked.

Carly shook her head. Then she ate the bread from her
sandwich and tossed the rest in the trash.

晚餐时，她的父母准备了烤鸡和西兰花。

"这些都很好吃喔！"妈妈说。

"尝尝吧！"爸爸说。

At dinner, Carly's parents prepared baked chicken and broccoli.
"They're good!" Mom said.

"Just try!" said Dad.

Kǎ Lì jiē guò le tā de pán zi. Rán hòu, chèn méi rén kàn dào shí,
卡莉接过了她的盘子。然后，趁没人看到时，
tā bá wǎn cān tōu tōu wèi gěi le tā de gǒu, Bāo Bāo.
她把晚餐偷偷喂给了她的狗，包包。

Carly took her plate. Then, when no one was watching, she secretly fed her meal to her dog, Bun-bun.

Zhè tiān shì Ào Lì Wéi Yà shēng rì guò
这天是奥利维亚生日过
yè pài duì de rì zi. Kǎ Lì
夜派对的日子。 卡莉
chuān zhe tā xīn mǎi de shǔ tiáo
穿着她新买的薯条
shuì yī lái le.
睡衣来了。

Ào Lì Wéi Yà gěi le tā zuì hǎo
奥利维亚给了她最好
de péng yǒu yí gè dà dà de yōng bào.
的朋友一个大大的拥抱。
"Lái kàn kàn wǒ men zhǔn bèi le shén me!"
"来看看我们准备了什么！」

It was the day of Olivia's birthday sleepover party.
Carly arrived in her new french fry pajamas.

Olivia greeted her with a big hug.
"Wait until you see what we've set up!"

Ào Lì Wéi Yà jī dòng de shuō: "Zhè shì wǒ de huán qiú pài duì!
奥利维亚激动地说：“这是我的环球派对！
Wǒ men yǒu lái zì shì jiè gè dì de yóu xì hé yīn yuè. Zuì lì hài
我们有来自世界各地的游戏和音乐。最厉害
de shì, hái yǒu lái zì bù tóng guó jiā de měi wèi shí wù!"
的是，还有来自不同国家的美味食物！”

"It's my around-the-world party! We've got games and music
from all over the world. Best of all, we have yummy foods from
many different countries!" Olivia said with excitement.

"Shì bú shì hěn bàng ne?!"
"是不是很棒呢？！"

Ào Lì Wéi Yà shuō.
奥利维亚说。

Kàn zhe zhuō zi shàng bái mǎn le
看着桌子上摆满了

zhè me duō wǔ yán liù sè de xīn
这么多五颜六色的新

qí shí wù, Kǎ Lì zhēng dà le
奇食物，卡莉睁大了

tā de shuāng yǎn.
她的双眼。

"Isn't it amazing?!" said Olivia.

Carly's eyes widened at a table filled with so many strange and colorful foods.

Gā lí jiǎo
咖喱角
Yìn dù
印度
Samosas
India

Pǔ luó wàng sī dùn cài
普罗旺斯炖菜
Fǎ guó
法国
Ratatouille
France

Běi jīng kǎo yā
北京烤鸭
Zhōng guó
中国
Peking Duck
China

Zhēn zhū nǎi chá
珍珠奶茶
Tái wān
台湾
Boba Milk Tea
Taiwan

Hǎi xiān fàn
海鲜饭
Xī bān yá
西班牙
Paella
Spain

Shí guō bàn fàn
石锅拌饭
Hán guó
韩国
Bibimbap
Korea

Qiū kuí nóng tāng
秋葵浓汤
Xīn ào ěr liáng
新奥尔良
Gumbo
New Orleans

Rùn bǐng
润饼
Fēi lǜ bīn
菲律宾
Lumpia
Philippines

"Nǐ yǒu qí tā de shí wù ma? Xiàng huáng yóu miàn
"妳有其他的食物吗？ 像黄油面
tiáo huò zhě shǔ tiáo?" Kǎ Lì wèn.
条或者薯条？" 卡莉问。

Ào Lì Wéi Yà de liǎn chén le xià lái.
奥利维亚的脸沉了下来。

"Duì bù qǐ, wǒ men méi yóu zhǔn bèi nà xiē shí wù."
"对不起， 我们没有准备那些食物。"

"Méi guān xì!" Kǎ Lì jǐ chū wēi xiào, shuō,
"没关系！" 卡莉挤出微笑，说，
Nà wǒ jiù děng shēng rì dàn gāo ba."
"那我就等生日蛋糕吧。"

"Ó, qí shí wǒ men yě méi yóu zhǔn bèi shēng rì dàn gāo,"
"哦， 其实我们也没有准备生日蛋糕， "
Ào Lì Wéi Yà shuō, "Wǒ men de tián diǎn shì rì shì hóng dòu má shǔ."
奥利维亚说， "我们的甜点是日式红豆麻薯。 "

"Do you have anything less colorful? Like buttered noodles or french fries?" Carly asked.

Olivia's face fell. "I'm sorry. We don't have any of those things."

"That's okay!" Carly said, trying to smile. "I'll just wait for the birthday cake."

"Oh. Actually, we're not having birthday cake," Olivia informed. "We're having Japanese mochi with sweet red bean for dessert."

Kǎ Lì xiào bù chū lái le. Zhè lǐ
卡莉笑不出来了。 这里
méi yǒu shén me ké yǐ gěi tā chī de,
没有什么可以给她吃的，
kě zhè shì guò yè pài duì a!
可这是过夜派对啊！
Nà tā bú jiù zhéng wǎn yào è dù zi le!
那她不就整晚要饿肚子了！

Carly's smile dropped. There was nothing here for her to eat, and it was a sleepover.

That meant she would go hungry all night!

Pài duì shàng měi gè rén dōu shì yòu tiào wǔ yòu wán yóu xì.

派对上每个人都是又跳舞又玩游戏。

Kǎ Lì nǔ lì jiā rù tā men, dàn shì wán de yuè jiǔ,

卡莉努力加入她们，但是玩得越久，

tā de dù zi jiù yuè è.

她的肚子就越饿。

Everyone at the party danced and played games.
Carly tried to join in, but the more she ran
around, the more her stomach began to rumble.

"Chī wǎn fàn le!"

"吃晚饭了！"

Ào Lì Wéi Yà de mā ma xuān bù.

奥利维亚的妈妈宣布。

"Dinner!"
Olivia's mom announced.

Zhěng gè fáng jiān dōu chōng mǎn zhe
整个房间都充满着
"Wà!" gēn "Tài hǎo chī le!"
"哇！" 跟 "太好吃了！"
de shēng yīn.
的声音。

Sounds of "Yum!" and
"Mmmm!" filled the room.

Ào Lì Wéi Yà zhù yì dào Kǎ Lì ná zhe yí gè kōng pán zi.

奥利维亚注意到卡莉拿着一个空盘子。

"Jiù bǎ tā dàng chéng shì wǒ men píng cháng yì qǐ de tàn xiǎn ba!"

"就把它当成是我们平常一起的探险吧！"

Ào Lì Wéi Yà gǔ lì tā.

奥利维亚鼓励她。

Olivia noticed Carly with an empty plate.

"Just think of it as one of our adventures together!"
Olivia told her encouragingly.

Kǎ Lì què shí xǐ huān hé Ào Lì Wéi Yà yì qǐ tàn xiǎn. Dāng rán, Ào Lì Wéi

卡莉确实喜欢和奥利维亚一起探险。当然，奥利维

Yà shì tā zuì ài, zuì yào hǎo de péng yǒu. Tā bù xiǎng ràng Ào Lì Wéi Yà nán

亚是她最爱、最要好的朋友。她不想让奥利维亚难

guò, yóu qí zài tā shēng rì zhè yì tiān.

过，尤其在她生日这一天。

Cháng yì kǒu ba, Kǎ Lì! Nǐ ké yǐ de!"

"尝一口吧，卡莉！你可以的！"

Tā de péng yǒu men huān hū dào.

她的朋友们欢呼道。

Carly did enjoy going on adventures with Olivia. And of course, she loved her best friend. She didn't want her to feel bad, especially not on her birthday.

"Try it, Carly! You can do it!" her friends cheered.

Kǎ Lì màn man de yǎo le yì xiáo kǒu hǎi xiān fàn chī le qǐ lái.

卡莉慢慢地舀了一小口海鲜饭吃了起来。

Měi miào de wèi dào hé kóu gǎn zài tā de zuí lǐ tiào yuè.

美妙的味道和口感在她的嘴里跳跃。

"Ń ń ń ń!"   Tā jīng hū zhe, yòu jiē zhe chī.

"嗯嗯嗯嗯！" 她惊呼着，又接着吃。

Hesitantly, Carly took a tiny spoonful of seafood paella and started to chew.

Amazing flavors and textures danced around in her mouth.
"Mmmmmm!" she exclaimed, spooning in another bite.

卡莉开始吃其他食物。每道菜都有一种美妙而独特的味道，跟她以前尝过的食物都不一样！

"哇！我从来没想过食物这么好吃！为什么没有人叫我尝尝这些美食呢？"她问。

Carly began to take bites of the other foods. Every dish had a wonderful and unique flavor, like nothing she'd ever tasted!

"WOW! I never knew food could taste this good! Why didn't anyone tell me to try them?" she asked.

Dà jiā dōu hā hā xiào le qǐ lái. Ào Lì Wéi Yà gē gē de xiào zhe shuō,

大家都哈哈笑了起来。 奥利维亚咯咯地笑着说，

"Ō,   Kǎ Lì!   Nǐ zhēn shì dú yī wú èr a!"

"噢，卡莉！ 妳真是独一无二啊！"

Everyone burst into laughter. "Oh, Carly!" Olivia giggled.
"You really are one of a kind!"

For Mina & Leah,

The inspiration for everything I do.

About the Author

Katrina Liu is an American-born Chinese mom and indie author living in San Francisco, California. Her daughters inspired her to create books where they can see themselves reflected in the characters. She hopes to add more Asian representation into the world of children's books. Katrina has written and published several titles that feature Asian-American characters and culture. She also has many bilingual books available in Chinese and English for non-native speakers.

ISBN: 978-1-953281-80-7

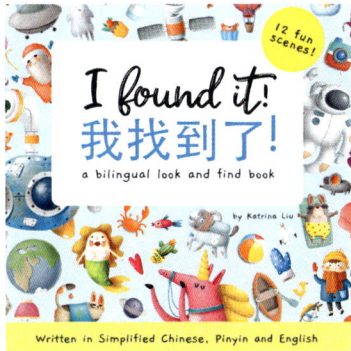

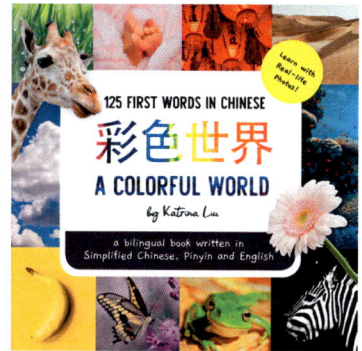

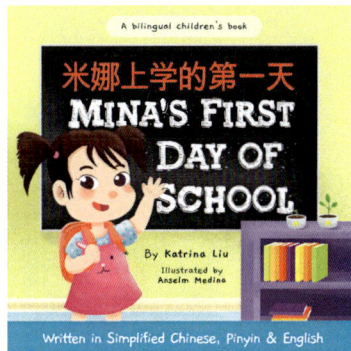

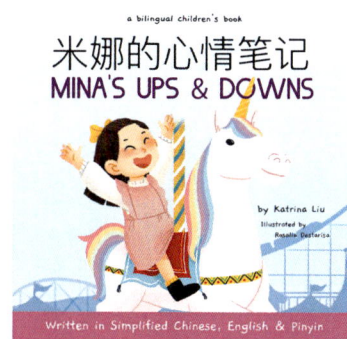

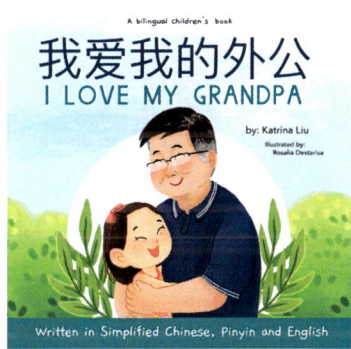

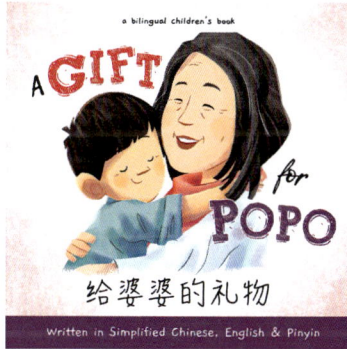

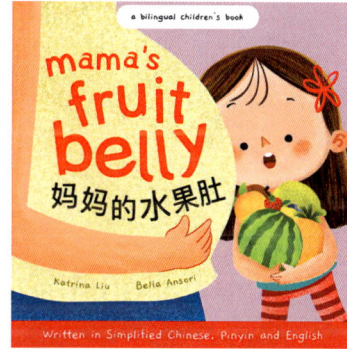

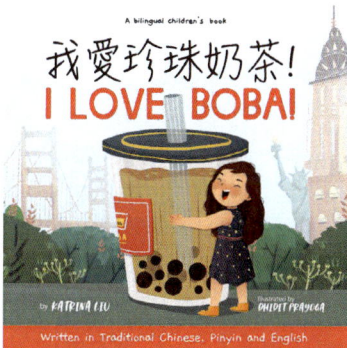

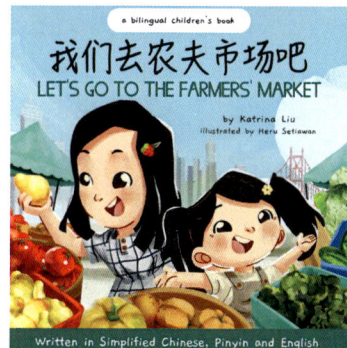

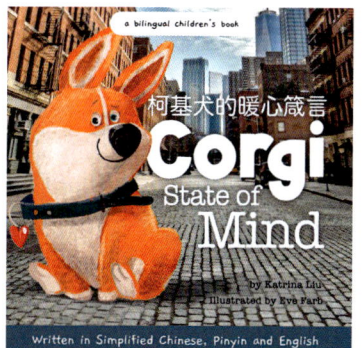

Made in United States
North Haven, CT
26 February 2023